AF498296

EXTRAIT

DE LA RÉPONSE

DE M^R. JEAN HARRISON

AUX REMARQUES ET OBJECTIONS

DE MONSIEUR MASKELYNE,

Servant de suite aux Principes de la Montre de M. Harrison.

A AVIGNON,

Chez { La Veuve GIRARD & FRANÇOIS SEGUIN, Impr. Libr. Place St. Didier.
{ JEAN AUBERT, Impr. Libr.

Se vend A PARIS,

Chez { CHARLES-ANTOINE JOMBERT , Libr. du Roi , Rue Dauphine.
{ JEAN DESAINT , Libr. , Rue du Foin St. Jacques.
{ CHARLES SAILLANT , Libr. , Rue St. Jean de Beauvais.

M. DCC. LXViII.
Avec Permiſſion des Supérieurs.

EXTRAIT

De la Réponse de Mr. Jean Harrison aux Remarques & Objections de Mr. Maskelyne.

MOnsieur Maskelyne dit qu'il a comparé lui-même très-souvent la Montre de Mr. Harrison avec la Pendule de l'Observatoire royal ; que quelquefois cette comparaison avoit été faite par son aide *Joseph Dymond*, & d'autres fois par *Guillaume Baily*. Ç'a été toujours, ajoute-t-il , en présence de l'un des Officiers de l'Hôpital de Greenwich & sous leurs certificats.

Mr. Harrison répond à cette premiere remarque qu'il n'a trouvé aucun de ces certificats dans le livre de Mr. Maskelyne , qui peut-être , s'imagine que le Public doit s'en tenir à son affertion. J'aurois été, ajoute-t-il, dans la même erreur, si je n'avois pas pris d'autres informations : mais je sçai que ces Mrs. n'étoient chargés par le Bureau des longitudes que de voir monter la Montre, d'ouvrir la boëte où elle étoit enfermée, d'être témoins de la comparaison du tems marqué par cette Montre avec le tems de la Pendule, de fermer ensuite la boëte, & d'en emporter la clef. Cette boëte a deux serrures ; Mr. Maskelyne avoit la clef de l'une des deux , & Mr. Harrison remarque qu'on pouvoit ouvrir ces serrures avec des crochets, que la serrure dont les Officiers avoient la clef se trouva dérangée le 10 Juillet , & qu'enfin Mr. Maskelyne fut très faché que cet événement eût transpiré dans le Public.

A

Parmi les Officiers de l'Hôpital de Greenwich qui étoient deſ-
tinés à cette fonction , quelques-uns fort âgés & fort infirmes
avoient peine à monter au haut de l'Obſervatoire , & lorſqu'ils
y étoient arrivés , comme on peut le prouver par des témoins
oculaires & irréprochables , ils ſe bornoient à ouvrir la boëte , &
ils ſe repoſoient en attendant que Mr. Maſkelyne eût fait tout
ce qu'il jugeoit à propos ; après quoi ils fermoient de nouveau
la boëte & ſe retiroient.

Quelles que ſoient les atteſtations de ces Mrs. , je puis prouver ,
dit Mr. Harriſon , qu'en différents tems où des perſonnes de ma
connoiſſance ont aſſiſté à ces opérations , la préſence de ces Officiers n'a gêné en rien la comparaiſon qu'on a faite de la Montre avec la Pendule. Je ne prétens pas , ajoute-t-il , accuſer
ces Mrs. de quelque négligence ; je les loüe au contraire de ce
qu'à toutes les heures du jour , ils ont eû la patience d'attendre
le moment où il plaiſoit à Mr. Maſk. de les appeller.

Je veux néanmoins ſuppoſer , contre la vérité du fait , qu'ils
ayent été nommés par les Commiſſaires des longitudes pour
ſervir de ſurveillants dans la comparaiſon de la Montre avec
la Pendule , & pour examiner ſi cette comparaiſon avoit été
faite avec beaucoup d'exactitude. Cette précaution auroit été
inutile : parce que la Pendule reſtant entiérement au pouvoir
de Mr. Maſk. , la moindre altération dans la Pendule auroit
produit le même effet que l'altération dans la Montre , dans la
comparaiſon de l'une avec l'autre. Or on ne voit aucun indice
que ces Mrs. ayent été chargés d'aſſiſter aux obſervations du
paſſage du ſoleil par le méridien ; & Mr. *Dymond* chargé de la

clef de la Pendule la remettoit tous les jours à Mr. Maskelyne, lorsqu'il faisoit cette observation.

Ce dernier résultat de la premiere réponse de Mr. Harrison me paroit sans replique. Car à quoi bon les deux clefs de la Montre, si l'on n'a pas deux clefs de la Pendule ? Si la Pendule est dérangée, la comparaison de la Montre avec la Pendule le fera en même tems.

Je ne puis pas me persuader que Mr. Maskelyne ait crocheté la 2ᵉ. serrure de la boëte où étoit la Montre, comme le prétend Mr. Harrison. Cette mauvaise ruse n'auroit été nécessaire que dans le cas où il n'eût pas assez de confiance à son aide Mr. Dymond.

Il paroit que toutes les observations ont été faites à l'insçu de Mr. Harr., & sous les yeux des Officiers de l'Hôpital de Greenvvich, qui n'étoient pas avoués par l'inventeur de la Montre.

On ne voit pas qu'aucun de ces surveillants ait assisté aux observations journaliéres du passage du soleil par le méridien. J'en ai pourtant compté 97. Toutes les expériences dépendent néanmoins de l'exactitude de ces observations.

II. Mr. Mask. nous donne ensuite les observations jour par jour de la marche de la Montre, & il conclud, *pag.* 15, en cette maniére : « On voit par les nombres précédents que cette » Montre avança dès le commencement d'environ 20 secondes » par jour, circonstance dont je ne suis pas chargé de rendre » compte ; mais comme dans le dernier voyage des Barbades, » elle étoit réglée à fort peu près sur le tems moyen, il s'enfuit » qu'on ne peut pas la démonter ni la nettoyer sans altérer » notablement sa marche ; ce qui ne s'accorde pas avec les » premières assertions de Mr. Harrison. »

Mr. H. répond que la montre lui appartenant, il avoit jugé à propos de la déranger lui-même pour faire une expérience qu'il avoit en vûe ; que lorsque le Bureau des longitudes la lui demanda à la fin d'Octobre 1765, il avoit dit à plusieurs de ses amis qu'elle avançoit de 18 à 19 secondes par jour, & que n'imaginant pas qu'on dût lui en faire un crime, il n'eut pas occasion d'en parler aux Commissaires des longitudes ni aux divers Membres du Parlement qui demanderent uniquement à son fils ; si après avoir été démontée elle seroit aussi utile qu'auparavant. Son fils répondit qu'oui , & n'entra dans aucun détail ; parce que cette circonstance n'a aucun rapport à la découverte des longitudes , de l'aveu même de Mr. Maskelyne.

III. Cet Astronome parle ensuite du changement qui se fit dans la Montre pendant le peu de jours des grandes chaleurs que l'on essuya vers le commencement du mois d'Août ; quoique cette chaleur , dit-il , ne fût pas extrême ; puisque le thermométre dans les maisons ne monta pas au-dessus de 73 degrés , & que le reste de l'été fût notablement tempéré.

Réponse de Mr. Harrison.

Lorsque je démontai ma Montre en présence de Mr. Maskelyne & de quelques autres Sçavants, je leur dis que pour en faire des expériences relativement au froid & au chaud , il falloit la placer de maniére que la chaleur eût une influence égale de tous les cotés sur toutes ses parties, & comme on n'a pas pris cette précaution, les effets de la chaleur sur ma Montre ne méritent aucune attention. Je remarque seulement que ma Montre étoit.

enfermée dans une boëte vitrée en deffus , & à l'un de fes cotés. Cette boëte fut placée fur l'appui d'une fenêtre & expofée au Sud-Eft , pendant que le thermométre qui devoit déterminer le degré de chaleur où la Montre étoit expofée , fe trouvoit placé dans la chambre à l'ombre. Il eft évident que pendant que l'air qui environnoit le thermométre étoit fort tempéré , le foleil donnant fur la boëte devoit lui imprimer un degré de chaleur bien fupérieur à celui qu'on reffent en plein air dans les climats les plus chauds , & peut-être tel que le corps humain ne fçauroit le foutenir long-tems. C'eft du moins un degré de chaleur qui ne convient nullement à de pareilles expériences.

Si Mr. Mask. ne contefte pas ces faits , ou s'ils font atteflés par des témoins irréprochables , on ne peut pas compter fur les obfervations qu'il a faites en été avec la Montre de Mr. Harrifon.

IV. Mr. M. dit que dans le mois de Janvier la Montre a été fort irréguliére , & qu'il lui paroit que ces variations & ces irrégularités ont été occafionnées par la gelée.

Réponfe. Mr. Mask. auroit dû avertir qu'en lui expliquant la conftruction de ma Montre , je lui avois dit que les précautions que j'avois prifes contre les effets du froid & du chaud ne s'étendoient pas à tous les degrés ; que je n'avois pas pouffé mes expériences jufques au terme de la glace , mais feulement jufques au point où s'étend le froid dans nos navires , & dans les climats où l'on a navigué jufqu'à préfent.

V. Mr. M. examine enfuite la marche de la Montre en différentes pofitions , & il ajoute qu'il n'a pas prétendu marquer par ces expériences quelle feroit la marche de la Montre à la mer ;

puifqu'elle ne fçauroit y avoir aucune de ces pofitions extraor-
dinaires. Il a voulu feulement déterminer jufqu'à quel point
l'exécution de cette Montre s'approchoit ou s'éloignoit des principes établis pour rendre ifochrones les arcs grands ou petits
décrits par le balancier.

Réponfe. Mr. Mafk. auroit dû en même tems informer le Public, qu'il fuffifoit que ma Montre fût affez parfaite pour rem-
plir les conditions prefcrites par l'acte de la Reine Anne. J'ai été
bien éloigné de la donner comme une machine propre à me-
furer le tems dans toutes les fituations poffibles. J'expofai à Mr.
Mafk. en préfence des autres Sçavans les raifons pour lefquelles
cette Montre n'auroit pas la même marche dans les différentes
pofitions où le mouvement du navire ne pourroit jamais l'expofer,
& je lui donnai en même tems, avec toute la clarté poffible,
le moyen de remédier à cet inconvénient dans les autres pofitions.
Il me parut que ceux de ces Mrs. qui étoient exercés dans la Mécanique faifirent parfaitement mes principes, & qu'ils virent
clairement que ma Montre pouvoit fupporter un mouvement beaucoup plus grand que celui où les navires font expofés & qu'elle
ne fçauroit être affectée du degré de chaleur ou de froid que
les hommes peuvent fupporter.

Si l'on avoit voulu tirer de ces expériences quelque conclufion
rélative à ma réputation ou à la juftice qui m'eft dûe, il auroit
fallu me donner le moyen de m'affurer de tous les faits, & ne
pas abandonner à un feul homme le réfu'tat de toutes fes expériences, fans me convaincre de fon intégrité, de fon impar-
tialité, & de fon habileté. Ce n'eft pas que je prétende attaquer

Mr. Mask. en ce qui concerne sa capacité dans l'Astronomie. Mais, hélas ! il s'en faut bien qu'il soit au fait de la Mécanique. Il n'en a presque aucune idée.

Je déclare donc, sans aucun détour, que je ne puis nullement compter sur les observations que Mr. Mask. dit avoir faites dans ses deux voyages à la mer, & dont il n'a calculé le résultat qu'à son retour. Je soutiens qu'elles sont fausses, puisqu'il prétend avoir observé le passage du soleil jusqu'à un centiéme d'une seconde de tems ; ce qui suppose que ses observations sont vingt fois plus exactes que celles des plus habiles Astronomes.

Je sçai que son intérêt est de faire valoir les tables lunaires pour entrer en concurrence avec mon invention, & que le Parlement a déja livré de grandes sommes à ceux qui ont perfectionné ces tables.

Je ne connois pas les deux voyages de Mr. Mask. dont parle Mr. Harrison. S'il a observé à la mer comme à Greenwwich le tems du passage du soleil par le méridien, jusqu'à la centiéme partie d'une seconde, Mr. Harrison a lieu de s'étonner d'une pareille exactitude. On peut néanmoins l'attribuer à la correction des hauteurs égales qui peut donner les centiémes des secondes, ou au calcul des triangles sphériques. Car on ne peut pas à la mer observer immédiatement le passage du soleil par le méridien.

VI. Mr. Harrison prétend que les observations de **Mr. Mask.** prouvent le contraire de ce qu'il avance dans toutes les périodes de six semaines dont il fait mention, excepté dans celles d'un froid excessif & de quelques mauvaises positions.

On regarde communément la période de six semaines comme

le terme d'un voyage aux Indes occidentales. Dans toutes ces périodes Mr. Mafk. compare la Montre avec *le tems moyen*, au lieu de la comparer avec *le tems corrigé*. Ce qui, felon Mr. Harrifon, produit néceffairement une grande erreur.

Mr. Mafk. auroit dû commencer par s'affurer de la marche de cette Montre par une fuite d'obfervations du foleil ou des étoiles, ou, par une Pendule excellente, s'il en a une affez bonne pour pouvoir compter fur un mouvement uniforme. Or depuis le 6 Juillet jufques au 17 Août la Montre a gagné en tout 11 minutes 50 fecondes & par conféquent 16 $\frac{?}{?}$ fecondes par jour. Ou fi Mr. Mafkelyne veut prendre tout le tems des épreuves depuis le 6 Juillet jufques au 3 Janvier, & depuis le 9. Janvier jufques au 4 Mars, il trouvera qu'elle a avancé de 16 $\frac{8}{15}$ fecondes par jour.

De forte qu'en prenant celle qu'on voudra de ces deux marches, on fera forcé de conclure que ma Montre a confervé le tems pendant la période de fix femaines dans les limites de l'acte de la Reine Anne, dans tous les cas, excepté ceux d'un froid extrême & d'une très mauvaife pofition. Je ne veux pas, dit Mr. Harrifon, fatiguer le Lecteur par le détail de mes calculs. Je fuis bien affuré que s'ils ne font pas exacts, on ne manquera pas de les contredire.

Pour moi j'ai cru que cet objet étoit trop important, pour m'en tenir à l'affertion de Mr. Harrifon. On trouvera à la fin de ce Mémoire la méthode qui m'a paru la plus propre à démontrer ce que Mr. Harrifon avance avec tant de confiance.

VII. Mr. Mafk. conclut fes calculs en cette maniere : « Ces » confidérations fuffifent pour faire comprendre quel a été le

motif

» motif qui a déterminé Mr. Harrison à fouhaiter que fa Montre
» fût expofée à deux voyages aux Indes occidentales. Il a cru
» prudemment qu'il falloit s'en tenir à ces voyages indiqués par
» l'acte de la Reine Anne , pour afpirer à la plus grande ré-
» compenfe , au cas que fa Montre pût déterminer la longi-
» tude à un demi degré près , foit que fa méthode fût ou ne
» fût pas généralement utile & praticable. „

Mr. Mask. infinue dans cet article imprimé par ordre du Bureau des longitudes , que Mr. Harr. a fait choix des deux voyages les plus avantageux à fa Montre , pour dérober au Public
la récompenfe promife par la Reine Anne. Mais ce Public im-
partial n'ignore pas qu'en 1714 l'acte du Parlement avoit atta-
ché le plus haut prix des longitudes à un voyage aux Indes occidentales , qui devoit être déterminé par le Bureau des longitudes.

Ce Bureau , ajoute Mr. Harr. , m'a été fi peu favorable , qu'au
retour du premier voyage à la Jamaïque , il me refufa la permiffion
que je lui demandai de nommer quelques perfonnes pour af-
fifter aux calculs qui furent faits à mon infçu. Ce Bureau en
conféquence de ces calculs décida que *ma Montre n'avoit pas donné
la longitude dans les limites prefcrites par l'acte de la Reine Anne.*

Bien convaincu du contraire , je demandai une copie des
calculs , *elle me fut refufée* , quoi qu'on fçût fort bien que j'en
avois tous les matériaux. J'eus beau folliciter pendant trois ans.
Il fallut enfin que la Chambre des communes prît connoiffance
de cette affaire. On vit alors que de ces trois calculs deux étoient
abfolument faux , & que le troifiéme m'étoit favorable. On
trouvera la preuve du fuccès de ma Montre dans ce voyage ,

fi l'on veut jetter les yeux fur le XXIX volume des Journaux de la Chambre des Communes, *page* 546.

On ne doit pas oublier l'objection qui fut faite alors par deux fameux Aftronomes. Ils prétendirent que les obfervations des hauteurs égales faites à Portfmouth n'étoient pas fûres ; parce que l'inftrument n'avoit pas été placé le foir au même endroit où l'on avoit obfervé le matin. Par où l'on voit que ces grands Aftronomes ne font pas au fait des principes & de l'ufage des inftruments d'Aftronomie les plus fimples.

Mr. Harrifon ajoute qu'il voulut bien confentir en 1762 à un fecond voyage de fon Fils , qui fut envoyé aux Barbades , & que *fa Montre donna la longitude beaucoup en deçà des limites de l'acte de la Reine Anne*, de l'aveu même du Bureau des longitudes.

Il entre enfuite dans le détail des chicanes qu'on lui a faites pour le fruftrer de la feconde moitié du prix qui lui eft dû inconteftablement ! *Je fupprime ce détail qui ne feroit pas honneur à la Nation Angloife , fi le Parlement d'Angleterre ne rendoit pas juftice à Mr. Harrifon.*

VIII. On ne peut pas refufer à Mr. Harrifon cette récompenfe , à moins qu'on ne prouve.

1°. Que fa Montre , quelque parfaite qu'elle foit , ne peut pas déterminer en mer les longitudes.

2°. Qu'il ne peut pas donner aux ouvriers des inftructions fuffifantes pour faire d'autres Montres auffi parfaites.

3°. Que ces Montres feroient d'un prix exceffif, & par confé-quent de nul ufage.

La premiere objection ne peut pas avoir lieu , de l'aveu

même des Commiffaires des longitudes. On la trouve anéantie dans le *vol.* 17 des Journaux de la Chambre des Communes , *pag.* 677 , par la décifion de Mr. Newton , & dans le *vol.* 29 , *pag.* 547 par les fuffrages unanimes de Mr. Martin Folkes , du Dr. Halley , du Dr. Smith , de Mr. Graham & de huit autres Sçavants du premier ordre.

La feconde objection a été détruite en dernier lieu dans la Chambre des Communes , qui a été témoin de la defcription & des deffeins de ma Montre , tels qu'ils ont été donnés au Public , & à qui Mr. *Mudge* le feul Horloger qui a vû démonter ma Montre , a déclaré qu'il fe faifoit fort d'en faire de femblables auffi bonnes que la mienne.

De plus , je fuis prêt à donner fous la foi du ferment toutes les inftructions qu'on pourra fouhaiter , dès que j'aurai reçu le refte de la récompenfe qui m'eft dûe , & je ne crois pas qu'on puiffe s'imaginer que j'irai me donner la peine d'inftruire un ouvrier & de lui fournir à mes fraix les outils néceffaires fans être affuré de la récompenfe.

Quant à la 3e. objection ; on ne peut pas juger du prix de cette Montre fur l'idée qu'on a du prix des Montres ordinaires: parce que celles-ci paffent par les mains de différents ouvriers , tandis que la mienne ne peut être travaillée que par un feul ouvrier. Je crois néanmoins qu'elle pourra couter environ 100 livres fterling , & que fi je viens à bout, comme je l'efpére, de la reduire , elle ne coutera que 70 ou 80 livres. Quel eft donc le motif qui peut engager un Aftronome royal , & ceux qui compofent le Bureau des longitudes , à détruire une invention d'une auffi grande utilité ?   B ij

IX. Il ne me reſte plus , dit Mr. Harr. , qu'a faire quelques remarques ſur la méthode des longitudes par le moyen des tables de la lune. On a aujourd'hui deux méthodes pour déterminer les longitudes à la mer. Il ſeroit à ſouhaiter qu'on en eût cent, vû l'importance de la matiére.

Si l'on connoit la diſtance du ſoleil à la lune, ou de la lune à quelque étoile fixe dans un méridien quelconque & dans un tems donné, & ſi dans le même tems un Navigateur obſerve la même diſtance & les hauteurs reſpectives du ſoleil, de la lune & des étoiles, étant aſſuré de l'heure ou par l'obſervation immédiate du ſoleil ou par une bonne Montre qui ne puiſſe pas ſe déranger dans l'intervalle des obſervations, depuis celle de la hauteur du ſoleil juſqu'à celle de la diſtance de la lune, au ſoleil ou à l'étoile ; on pourra trouver par le calcul la différence des longitudes. Tout cela eſt vrai dans la théorie. Les tables de la lune dont l'Auteur a été recompenſé, donnent les diſtances de la lune au ſoleil & aux étoiles pour Greenwich. Je conviens qu'on peut tirer parti de ces tables ; mais quant aux obſervations, je remarque que dans chaque mois la lune eſt trop proche du ſoleil pendant ſix jours pour être apperçue, & qu'ainſi la méthode eſt totalement inutile dans ces ſix jours. De plus, pendant environ 13 jours dans chaque mois la lune eſt trop éloignée du ſoleil pour qu'il ſoit poſſible de voir ces deux aſtres en même tems, & de meſurer leur diſtance ; il faudra donc dans ces 13 jours recourir aux étoiles, & avoir une Montre qui conſerve parfaitement le tems depuis l'obſervation de la hauteur du ſoleil. Mr. Maſk. ſera donc forcé d'avouer que ma Montre fera d'une grande utilité pour trouver les longitudes par les observations de la lune.

Mais pour trouver les longitudes par les distances de la lune aux étoiles, il faut encore avoir un horizon bien clair & bien déterminé ; ce qui est presque impossible ; sans quoi on ne peut pas observer la hauteur de la lune & de l'étoile.

De plus, avec l'octant, il faut viser à l'un des deux objets par la partie non étamée du petit miroir, & à l'autre objet par la partie étamée. Or cette observation n'est exacte que dans la théorie ; parce qu'une minute d'erreur fait perdre au Marin un demi degré dans la longitude.

Ici Mr. Harrison interpelle tous les Astronomes qui ont quelque réputation, pour qu'ils ayent à déclarer si avec les meilleurs instruments fabriqués en *Europe*, ils peuvent observer même à terre la distance de la lune à une étoile avec la précision requise pour déterminer la longitude à un demi degré près. Il leur demande même si deux Observateurs pourront se trouver d'accord à une minute près, & il prétend que les meilleurs Observateurs diffèrent souvent même à terre dans leurs observations de plus d'une minute.

Mr. l'Abbé de la Caille a répondu d'avance à toutes ces questions dans le 5e. volume de ses Ephémérides, *pag.* 31. « On s'est » imaginé, dit-il, sous prétexte que l'octant Anglois réunit les » images des objets dont on observe la distance, qu'on ne de- » voit pas s'appercevoir du mouvement du vaisseau, & qu'ainsi » on devoit s'appercevoir de cette distance mieux qu'à une minute » près par diverses opérations réitérées : précision chimérique,

» puifque , fans parler des autres raifons que j'expoferai bientôt ,
» lorfqu'on eft parvenu à réunir les deux images , elles ne ref-
» tent en cet état , qu'autant que le plan de l'inftrument refte
» exactement dans le plan qui paffe par l'œil & par les deux
» aftres ; or le mouvement continuel du vaiffeau ne permet
» pas de conferver cet inftrument dans cette pofition , même
» pendant deux ou trois fecondes de tems.....

» On auroit donc grand tort de s'imaginer qu'ont peut s'af-
» furer des longitudes fur mer par la lune , à moins de deux
» degrés prés , quelque bonne que foit la méthode qu'on y
» employe , quelque excellens que foient les inftruments de l'ef-
» péce de ceux qui font à préfent en ufage , & quelque habile
» que foit l'Obfervateur. Car fi on examine fans prévention
» toutes les circonftances qui entrent dans le calcul & dans
» l'obfervation d'une longitude fur mer , on conviendra fans
» peine qu'il feroit ridicule de foutenir , que la fomme des er-
» reurs inévitables n'a pû être de cinq minutes de degrés.

» En effet , le meilleur quartier de réflexion , que je fuppofe
» ici de 2 pieds de rayon (ils n'en ont ordinairement que 16 ,
» 18 ou 20 pouces) n'équivaut après tout qu'à un inftrument
» d'un pied de rayon , dans les divifions duquel l'efpace de
» 2 minutes eft un point ou la douzieme partie d'une ligne.
» Or , qui peut fe flatter d'avoir un inftrument , dans les di-
» vifions duquel il n'y a pas un demi-point d'erreur ? Qui peut
» fe vanter de ne fe pas tromper d'un demi-point dans l'ef-
» time des tranfverfales ou des autres divifions qui marquent
» la pofition de l'alidade dans la vérification du parallélifme des

» miroirs, & dans l'estime des divisions qui marquent la dif-
» tance ou la hauteur observée? Qui peut répondre qu'avec
» une lunette, laquelle ne peut agrandir plus de trois ou qua-
» tre fois les diamètres des objets sans être fort incommode, il
» ne se trompera point dans le contact des images nécessaires
» pour vérifier le parallélisme des miroirs, ni dans celui des
» images des objets dont on mesure la distance ? Voila ce-
» pendant cinq sources d'erreurs, dont le plus habile Obser-
» vateur ne peut s'assurer de s'être garanti sur un Observa-
» toire, où le mouvement continuel empêche de donner aux
» choses toutes l'attention nécessaire.

» Si ceux qui promettent une si grande précision dans ces
» sortes de méthodes avoient navigué quelque tems, ils au-
» roient vu souvent que dans l'observation la plus simple de
» toutes, qui est celle de la hauteur du soleil à midi, deux
» Observateurs munis de bons quartiers de réflexion, bien rec-
» tifiés, diffèrent entr'eux lorsqu'ils observent chacun à part de
5, 6, 7 & 8 min. ; il ne leur seroit pas possible de disconvenir
» que dans les plus beaux tems & dans les plus belles mers,
» la latitude n'est jamais sûre qu'à trois ou quatre minutes
» près ; & je crois, fondé sur une longue expérience, que ce sont
» là les limites de la précision qu'on peut assigner aux observations
» faites en mer avec le plus de soin, avec le meilleur quartier de
» réflexion que nous ayons.

„ Je sçai que de ce qu'il est possible de se tromper, il ne
„ suit pas qu'on se trompe nécessairement. Je sçai encore que
„ les erreurs inévitables se compensent plus souvent qu'elles ne

„ s'accumulent. Je fçai enfin , qu'en répétant les mêmes obfer-
„ vations , on peut par un milieu pris entre leurs réfultats ap-
„ procher beaucoup de la vraie longitude : auffi ne prétens-je
„ pas conclure, que l'obfervation des longitudes fur mer ne
„ foit extrêmement importante , & qu'on ne doive faire tous
„ les efforts poffibles pour en étendre l'ufage parmi les Naviga-
„ teurs. J'en conclus feulement en premier lieu , que la pru-
„ dence doit reftraindre notre confiance fur ces fortes d'ob-
„ fervations , & ne nous faire eftimer la détermination de no-
„ tre longitude, qu'à trente ou quarante lieues près, dans les
„ circonftances ordinaires. Ceux qui font des voyages de long
„ cours, fçavent combien il leur feroit utile de connoître leur
„ longitude à 40 lieues près, quelque groffiére que cette déter-
„ mination paroiffe. J'en conclus en fecond lieu, qu'on ne fçau-
„ roit être trop attentif fur le choix d'une bonne méthode ,
„ pour l'obfervation & pour les calculs ; puifqu'une méthode
„ n'eft bonne qu'à proportion de la précifion qu'elle apporte
„ dans la pratique.

„ La bonté d'une méthode, fondée d'ailleurs fur une théo-
„ rie exacte, ne dépend pas abfolument du petit nombre d'élé-
„ mens qui y entrent , ou de la brieveté du calcul ; mais
„ principalement du petit nombre d'élémens qui ont befoin
„ d'une grande précifion dans l'obfervation. Ainfi , toutes cho-
„ fes , d'ailleurs égales , la meilleure méthode eft celle où il n'en-
„ tre qu'un pareil élement.

De tout cela Mr. Harrifon conclut , 1°. que pendant fix jours
dans chaque mois on ne peut en aucune maniere s'affurer de

la longitude par cette méthode.

2°. Que pendant 13 autres jours dans chaque mois cette méthode eſt impraticable avec les inſtrumens qu'on a imaginé juſqu'à préſent.

3°. Que pendant les 11 jours qui reſtent dans chaque mois, on peut bien obſerver la diſtance du ſoleil à la lune; mais que les meilleurs inſtruments entre les mains de l'Obſervateur le plus habile ne peuvent pas déterminer la longitude dans les limites preſcrites par l'acte de la Reine Anne, & que quelque parfaites que ſoient les tables de la lune, elles ne peuvent donner qu'un à peu près dans les voyages de long cours.

Cette méthode de fixer la longitude par la lune a déja couté à la Nation 6600 livres, ſans qu'on l'ait miſe une ſeule fois à l'épreuve.

Voici les obſervations de Mr. Maſkelyne, qui peuvent ſervir à déterminer la marche de la Montre marine de Mr. Harriſon.

La première colomne de la table ſuivante marque ſimplement les jours où l'on a fait les obſervations.

La ſeconde colomne donne les tems marqués à midi par la Pendule de l'Obſervatoire royal de Greenwich.

La troiſiéme donne la différence de ces tems.

La quatriéme donne le tems moyen à l'inſtant du midi vrai. Ce tems eſt tiré des éphémérides de Mr. l'Abbé de la Caille.

On trouve dans la cinquiéme colomne les différences des tems moyens.

Dans la ſixiéme, les différences ſecondes, où les différences entre celles des obſervations faites à midi & celles du tems moyen. Ces différences fecondes étant toutes pofitives déterminent l'accélération de la Pendule dans l'intervalle des obfervations.

Dans la feptiéme, on voit combien la Pendule avançoit par jour fur le mouvement moyen. Cette colomne réfulte de la divifion des différences fecondes par l'intervalle des jours.

1766 Juillet	Tems de la Pendule à midi H. M. S.	Différences M. S.	Tems moyen à midi H. M. S.	Différences M. S.	Différences fecondes M. S.	Accélérations par jour. M. S.
1	6.41.48,04		0.3.16,20			
5	6.58.24,75	+ 16.37,71	0.4. 0,08	+ 0.43,88	15.52,83	3.58,21 du 1er au 5 Juillet
6	7. 2.32,96	+ 4. 8,21	0.4.10,33	+ 0.10,25	3.57,96	3.57,96 du 5 au 6
8	7.10.49,37	+ 8.16,41	0.4.29,55	+ 0.19,22	7.57,19	3.58,59 du 6 au 8
9	7.14.56,87	+ 4. 7,50	0.4.38,61	+ 0. 9,06	3.58,44	3.58,44 du 8 au 9
10	7.19. 4,00	+ 4. 7,13	0.4.47,37	+ 0. 8,76	3.58,37	3.58,37 du 9 au 10
17	7.47.44,79	+ 28.40,79	0.5.35,52	+ 0.48,15	27.52,64	3.58,95 du 10 au 17
18	7.51.49,02	+ 4. 4,23	0.5.40,45	+ 0. 4,93	3.59,30	3.59,30 du 17 au 18
19	7.55.52,59	+ 4. 3,57	0.5.44,82	+ 0. 4,37	3.59,20	3.59,20 du 18 au 19
20	7.59.55,40	+ 4. 2,81	0.5.48,57	+ 0. 3,75	3.59,06	3.59,06 du 19 au 20
25	8.20, 2,06	+ 20. 6,66	0.5.59,40	+ 0.10,83	19.55,83	3.59,15 du 20 au 25
31	8.43.52,41	+ 23.50,35	0.5.52,97	— 0. 6,43	23.56,78	3.59,46 du 25 au 31
Août 1	8.51.46,27	+ 7.53,86	0.5.46,09	— 0. 6,88	8. 0,74	4. 0,37 du 31 au 2 d'Août
3	8.53.58 19	+ 2.11,92	0.5.41,60	— 0. 4,49	2.16,41	2.16,41 du 2 au 3
5	9. 1.38,81	+ 7.40,62	0.5.31,17	— 0.10,43	7.51,05	3.55,52 du 3 au 5
7	9. 9.17,04	+ 7.38,23	0.5.18,30	— 0.12,87	7.51,10	3.55,47 du 5 au 7
11	9.24.24,25	+ 15. 7,21	0.4.45,50	— 0.32,80	15.40,01	3.55,00 du 7 au 11
17	9.46.50,87	+ 22.26,62	0.3.39,67	— 1. 5,83	23.31,45	3.55,41 du 11 au 17
20	9.57.58,06	+ 11. 7,19	0.2.50,92	— 0.39,75	11.46,94	3.55,65 du 17 au 20

On voit que le mouvement de cette Pendule n'étoit pas tout à fait uniforme, qu'elle avançoit au commencement de Juillet de 3′ 58″, vers le milieu jufqu'à la fin de Juillet de 3′ 59″, & au commencement d'Août de 3′. 55″. par jour.

L'erreur de l'obfervation du 2 détermina Mr. Mafkelyne à abaiffer la lentille du Pendule & à arrêter l'horloge.

Comparaisons de la Montre de Mr. Harrison avec le tems moyen.

1766. Juilllet	Tems de la pendule correspondant-à la montre. H. M. S.	Tems corrigé H. M. S.	Tems apparent de l'observation H. M. S.	Tems moyen de l'observation, H. M. S.	Tems de la montre H. M.	Accelerations M. S.
5	7. 9.25	7. 9.23,19	0.10.58,44	0.14.59,08	9.20	14. 0,92
6	7.13.10	7.13. 8,25	0.10.35,29	0.14.46,03	0.29	14.13,97
8	7.20.34	7.20.32,39	0. 9.43,02	0.14.13,25	0.29	14.46,75
9	7.32.17	7.32.14,12	0.17.17,25	0.21.56,72	0.37	15. 3,28
10	7.35.57	7.35.54,21	0.16.50,21	0.21.38,56	0.37	15.21,44
17	7.58.34	7.58.32,21	0.10.47,42	0.16.23,92	0.34	17.36,08
18	7.58.14	7.58.12,93	0. 6.23,91	0.12. 5,21	0.30	17.54,79
19	8. 1.53	8. 1.51,99	0. 5.59,40	0.11.45,00	0.30	18.15,00
20	8. 7.33	8. 7.31,73	0. 7.36,33	0.13.25,73	0.30	18.34,27
25	8.26.51	8.26.49,87	0. 6.47,81	0.12.47,81	0.33	20.12,19
31	9.12.53	9.12.48,18	0.28.55,77	0.34.48,77	0.57	22.11,23
Août 2	9.17.15	9.17.10,75	0.25.24,48	0.31.10,38	0.54	22.49,62
3	9.19.13	9.19.10,61	0.25.12,41	0.30.53,91	0.54	23. 6,08
5	9.37.32	9.37.26,13	0.35.47,32	0.41.18,34	1. 5	23.41,66
7	9.25.50	9.25.47,46	0.16.30,42	0.21.48,69	0.46	24.11,31
11	9.29.36	9.29.35,15	0. 5.10,90	0. 9.57,20	0.35	25. 2,80
17	9.57. 7	9.57. 5,32	0.10.14,45	0.13.55.38	0.40	26. 4,62

La premiére colomne de cette table marque les jours du mois. La seconde donne le tems marqué par la Pendule dans le mê-me moment où la Montre marquoit le tems correspondant , La 3e. colomne donne ce tems corrigé par la partie proportionelle de l'accélération de la Pendule.

La quatriéme colomne donne le tems apparent de l'observa-tion. On le trouve en retranchant du tems corrigé , le tems du passage du soleil au méridien.

La cinquiéme donne le tems moyen. On le trouve par l'équa-tion du tems.

La sixiéme marque le tems de la Montre correspondant à celui de la Pendule.

La septiéme donne ce que, Mr. Maskelyne appelle l'accélération de la Montre, c'eft la différence entre le tems moyen & le tems marqué par la Montre. Telle eft la méthode de Mr. Mafkelyne.

Cette méthode ne plait pas à M. Harrifon, quoique les quatre ou cinq premieres accélerations comparées à celle du 17 Août lui donnent la marche de fa Montre de 16″ $\frac{9}{10}$ par jour. Car l'accélération du 17 Août étant 26′. 4″, 62

Celle du 6 Juillet 14. 13 , 97

Leur différence 11′. 50, 65

& l'intervale étant de 42 jours, on aura en divifant cette différence par 42, la marche de la Montre 16″. $\frac{9}{10}$. Il en eft de même des accélérations du 8, du 9, & du 10 Juillet, comparées à la même accélération du 17 Août.

Mais en comparant l'accéleration du 17 Juillet qui eft 17′. 36″, 08 à la même du 17 Août, on trouve feulement 16″ $\frac{4}{10}$ & les fuivantes vont toujours en décroiffant.

Si l'on avoit voulu connoître exactement la marche de cette Montre, on auroit obfervé avec la Montre le paffage du foleil ou de quelque étoile au méridien, lorfque le tems auroit pû le permettre en employant les hauteurs égales, & l'on auroit aifément trouvé l'accélération de la Montre par les différences fecondes, comme nous l'avons fait dans la prémiere table.

On peut y fuppléer par interpolation en prenant pour abfciffes dans la courbe d'interpolation le mouvement corrigé de la Pendule, & pour ordonnées les tems correfpondants de la Montre. On auroit par ce moyen jour par jour le tems marqué par la Montre au midi vrai.

C'eſt peut-être par ce moyen que Mr. Harriſon a trouvé que par les obſervations même de Mr. Maſkelyne ſa Montre a avancé tous les jours de 16″ $\frac{2}{10}$ depuis le 6 Juillet juſques au 17 Août 1766, & que par conſéquent elle a conſervé le tems pendant ces ſix ſemaines dans les limites preſcrites par l'acte de la Reine Anne.

Je crois qu'il pourroit auſſi s'autoriſer du calcul même de Mr. Maſkelyne que l'on trouve dans la page XXXI de ſon Mémoire.

Comparaiſons de la marche de la Montre de Mr. Harriſon jour par jour.

1766 Juillet	Intervalle des comparaiſons H. M.	La montre a perdu ſur la pendule M. S	La Montre a perdu ſur la pend. en 24 h. de la Mont. M. S.	La pend. s'écarte de la revol. des étoiles par jour S.	La Montre a perdu ſur la revolut. des étoiles dans ſes 24 h. M. S.	La Montre a gagné ſur le tems moyen par jour S.	État moyen du thermometre D.	État moyen du baromètre Pouces
du 6 au 7	24. 1	3.42	3.41,88	— 1,7	3.40,2	16,3	63	29,8
du 7 au 8	23.59	3 42	3.42,15	— 1,86	3.40,3	16,2	63	29,8
du 8 au 9	24. 8	3.43	3.41,77	— 1,90	3.39,9	16,6	64	29,9
du 9 au 10	24. 0	3.40	3.40,00	— 1,95	3.38,0	18,5	64	29,8
du 10 au 11	23.50	3.38	3.39,52	— 1,95	3.37.6	18,9	63	29.6
du 11 au 12	24. 0	3.40	3.40,00	— 2,0	3.38,0	18,5	62	29,6
du 12 au 13	24.27	3.44	3.39,88	— 2,1	3.37,8	18,7	61	29 8
du 13 au 14	23.39	3.36	1.39,20	— 2,3	3.36.9	19,6	63	29,9
du 14 au 15	23.52	3.38	3.39.22	— 2,4	3.36.8	19,7	63	29,7
du 15 au 16	24.29	3.45	3.40,56	— 2,4	3 38,2	18,3	62	29,6
du 16 au 17	23.40	3.36	3.39,04	— 2,4	3.36,6	19 9	61	29,7
du 17 au 18	23.56	3.40	3.40,61	— 2,5	3.38,1	18.4	63	29,9
du 18 au 19	24. 0	3.39	3.39,00	— 2,7	3.36,3	20,2	66	30,0
du 19 au 20	24. 1	3.40	3.39,70	— 2,6	3.37 1	19,4	65	30,0
du 20 au 21	23.56	3.38	3 38,61	— 2,6	3.36,0	20,5	64	29,9
du 21 au 22	24. 7	3.40	3.38,94	— 2,63	3.36,3	20,2	63	29,8
du 22 au 23	23.56	3.40	3.40,61	— 2 7	3.37 9	18,6	61	29,8
du 23 au 24	24 2	3.41	3.40.70	— 2.7	3 38,0	18,5	60	29,7
du 24 au 25	24. 0	3.39	3.39,00	— 1,8	3.36,2	20,3	61	29,6
du 25 au 26	23.55	3.39	3.39.76	— 2,75	3 37,0	19 5	61	29 5
du 26 au 17	24. 5	3.41	3.40,24	— 1,84	3.37.4	19,1	60	29,6
du 27 au 28	24.14	3.42	3.59,87	— 1,9	3.36,9	19 6	60	29,7
du 28 au 29	24. 4	3.40	3 39 39	— 2 9	3.36,5	20,0	59	29.8
du 29 au 30	24.12	3 42	3 40,17	— 2,94	3.37,2	19,3	59	29,7
du 30 au 31	23.51	3.38	1.38 91	— 3,1	3 35,8	20,7	61	29.7

1766 Juillet	Inter-valle des com-parai-fons H. M.	La montre a perdu fur la pendu-le M. S.	La Mon-tre a per-du fur la pend. en 24 h. de la Mont. M. S.	La pend s'écarte de la ré-volution des étoil. par jour S.	La Mon-tre a per-du fur la revolut. des étoi-les dans fes 24 h. M. S.	La Mon-tre a ga-gné fur le tems mo-yen par jour S.	État moyen du Ther-mome-tre D.	État moyen du Baro-metre Pouces
du 31 au 1. d Août	23.54	3.40	3.40,92	— 3, 2	3.37,7	18,8	61	29.9
du 1. Août au 2	24. 3	3.42	3.41,54	— 3, 3	3.38,2	18,3	64	29.8
du 2 au 3	Par l'Obfervation du Soleil la Montre a gagné fur le tems moyen					18,2	63	29,7
du 3 au 4	23.50	3.38	3;39,52	+ 0, 8	3.40,3	16,2	63	29,9
du 4 au 5	24.21	3.41	3.37,82	+ 1, 0	3.38,8	17,7	63	30,0
du 5 au 6	23.56	3.35	3.38,64	+ 1, 0	3.39,6	16,9	65	30,1
du 6 au 7	24. 5	3.43	3.42,29	+ 1, 1	3.43,4	13,1	68	30,1
du 7 au 8	23.53	3.41	3.42,07	+ 1, 6	3.43,7	12,8	69	30,1
du 8 au 9	23 57	3.42	3.42,46	+ 1,77	3.44,2	12,3	69	30,1
du 9 au 10	24 4	3.42	3.41,38	+ 1,53	3.42,9	13,6	65	30,1
du 10 au 11	23,55	3.41	3.41,77	+ 1,39	3.43,2	13,3	60	30,0
du 11 au 12	24. 2	3.43	3.42,69	+ 1,37	3.44,1	12,4	59	30,0
du 12 au 13	23,58	3.44	3.44,31	+ 1,25	3.45,6	10,9	59	30,1
du 13 au 14	24.10	3.49	3.45,86	+ 1,11	3.47,0	9,5	59	30,1
du 14 au 15	23.40	3.43	3.46,14	+ 1,11	3.47,2	9,3	61	29,8
du 15 au 16	24. 2	3.46	3.45,69	+ 0,90	3.46,6	9,9	58	29,8
du 16 au 17	24. 3	3.46	3.45,53	+ 0. 8	3.46,3	10,2	57	29,9

Si l'on ajoute enfemble tous les avancements de la Montre fur le tems moyen dans ces 42 jours, on trouvera qu'elle a avancé en tout de 708″, 9. Mais on trouve auffi par le réfultat de la 2ᵉ. table, en retranchant l'accélération du 6 Juillet (14′. 13″, 97) de celle du 17 Août (26′. 4″, 62) & divifant le refte par le nombre des jours, que l'accélération moyenne a été de 16″, 92 par, jour & en tout de 710″, 65 ; d'où il faut retrancher 708 , 9. Pour avoir le retardement de la Montre 1″¼ ce qui eft bien en deçà des limites de l'acte de la Reine Anne.

On peut encore remarquer que le plus grand avancement de la Montre fur le tems moyen a été du 20 au 21 Juillet de 20″½, & le moindre du 14 au 15 Août de 9″, ¹⁄₁₀. La diffé-

rence eſt 11″, 2 qui répondent à un peu plus de 2′ $\frac{1}{4}$ en longitude. Ce qui prouve encore par les obſervations même de **M.**
Maſkelyne que dans 6 ſemaines la Montre de M. Harriſon ne
ſe ſeroit écartée de la longitude que de 2′ $\frac{1}{4}$ ou ſi l'on veut
prendre le plus grand écart 20″ $\frac{1}{2}$, elle ne s'en ſeroit écartée
que de 5′. 7″ $\frac{1}{2}$.